AF481141

Dedicatoria

Dedico este libro a mi familia y a los amigos que son como mi familia, pero sobre todo a mis padres, Lee y Leona Lowery. Sus sacrificios, sus mensajes de ánimo y sus oraciones me han ayudado a alcanzar mis metas. Tanto amor, tantas lecciones. Estoy agradecida. Con gratitud. Bendecida.

Tabla de contenido

Lecciones Aprendidas: Historias Breves de Continuidad y Resiliencia ...5

Descripción ...6

Introducción ...7

Capítulo 1: Preparar- ...9

Caer siete veces, levantarse ocho ...9

Capítulo 2: Analizar- ...17

Disminuir la velocidad para acelerar ...17

Capítulo 3: Remediar- ...27

Tu trabajo ni tu situación actual te definen ...27

Capítulo 4: Sustentar- ...36

Ponerlo a prueba ...36

Capítulo 5: Examinar- ...44

Mejora continua de los procesos ...44

Capítulo 6: ¡¡¡BONO "E"!!! Educación- ...48

Nunca es demasiado tarde ...48

Capítulo 7: Arriba y adelante ...54

Anexo ...57

A. Enlaces de referencia ...57

B. Artículos de autor y podcasts ...58

C. Plantillas útiles ...60

1. Ejemplo de registro de evaluación y detalle del perfil de riesgo ..60

2. Ejemplo de una tabla de análisis ...63

3. Ejemplos de plantillas de objetivos y puntos de acción ...64

Sobre la autora ...65

Lecciones Aprendidas: Historias Breves de Continuidad y Resiliencia

"Puede que las cosas que me han pasado me cambien, pero me rehúso a dejar que me reduzcan". - Maya Angelou, autora y poeta

ASIN: B08VDBNMKQ

ISBN: 979-8-218-29936-1

Editorial: M2

Editora: E. Claudette Freeman, Pecan Tree Publishing

Descripción

Continuidad y resiliencia: dos palabras que podrían dirigirse al mismo destino, aunque variaran en el tiempo de llegada. Según el diccionario de Merriam-Webster, la definición de continuidad es "conexión, sucesión o unión ininterrumpida". Utilizando este mismo recurso, la definición de resiliencia es "la habilidad de recuperarse o ajustarse fácilmente a la mala fortuna o al cambio". Aunque una vida ininterrumpida, libre de desgracia, pueda parecer maravillosa, es en los retos, en los cambios, donde aprendemos las mayores lecciones. Este libro se ha escrito con 51 años de experiencia personal y casi 30 años de experiencia profesional en la gestión de operaciones empresariales en todo el mundo, llueva, truene o relampaguee. Ambos aspectos han dado lugar a importantes lecciones aprendidas e historias de continuidad y resiliencia.

Introducción

Desde el punto de vista profesional, tuve la suerte de recibir mi pasión profesional muy pronto. He optado por utilizar la palabra "recibir", ya que no puedo decir que la encontrara (no la estaba buscando necesariamente), y no creo que fuera casualidad (creo más en las bendiciones que en la suerte). Recibí es la palabra correcta, ya que en el momento en que me lo presentaron, inmediatamente lo acogí de lleno. Sentí que el principio de esta elección profesional encajaba perfectamente con mis valores. Valores con los que crecí como la hija de un predicador. Una hija de un predicador menonita, nada menos, con una fe centrada en hacer el bien y ayudar a los demás. Entonces, ¿qué elección profesional engloba estos valores? Recuperación de desastres (DR, por sus siglas en inglés) y continuidad del negocio (BC, por sus siglas en inglés). Me explico...

En esta carrera profesional, es necesario ayudar a la organización a comprender las amenazas, vulnerabilidades y riesgos que, de materializarse, afectarían negativamente a la empresa. (Traducción a la vida: ¿estás prestando atención?). Con esa comprensión, existe la habilidad de crear planes que podrían ayudar a reducir esos riesgos, mucho antes de un momento de interrupción. (Traducción a la vida: ¡desear y esperar no es un plan!). Es necesario poner en práctica y probar esos planes para validar los pasos necesarios y su funcionalidad. (Traducción a la vida: ok, ¿funcionó ese enfoque?). Las lecciones aprendidas en esos ejercicios se incorporan a los planes, para fortalecer el proceso y permitir que continúe el trabajo excelente de la organización, tanto en los buenos tiempos como en los difíciles. (Traducción a la vida: ¡aprende de tus errores y sigue adelante!). Haz el bien, ayuda a los demás.

A continuación, se presentan historias que me han ayudado a continuar por un camino identificado o me han permitido elegir oportunidades para mi propia resiliencia. Cada capítulo refleja fases significativas: preparar, analizar, remediar, sustentar y examinar – PARSE. (En inglés la palabra PARSE puede significar "dividir" las cosas con el fin de mejor organizar o priorizarlas). Creé esta metodología hace años para desarrollar la práctica de la continuidad empresarial en una organización. A lo largo de nuestra vida, tanto personal como profesional, estamos constantemente analizando información y experiencias, desmenuzando y analizando para comprender mejor y mejorar continuamente. Tanto si continuamos sin perder el ritmo, como si sufrimos interrupciones que nos llevan en una dirección diferente, las lecciones aprendidas forman parte de la historia. Espero que a través de estas historias y lecciones aprendidas encuentres una o dos perlas que te ayuden a analizar las oportunidades en tu vida y, tal vez, en tu organización.

Capítulo 1: Preparar-Caer siete veces, levantarse ocho

"Planificar es traer el futuro al presente para poder hacer algo al respecto ahora". -Allan Lakein, autor estadounidense

En la práctica de la continuidad, esta primera fase aborda los pasos necesarios para preparar mejor a la organización para responder eficazmente a una interrupción de la operación. Conseguir el patrocinio y el apoyo, y comprender las amenazas anteriores y actuales, nos ayuda a determinar dónde están las oportunidades. Lograr la participación de todos los integrantes de la organización, desde los responsables de los procesos hasta los niveles intermedios y la alta dirección, es fundamental. Preparar el escenario para mostrar a la organización el valor de la continuidad del negocio y luego poner en marcha la estructura para gestionar el programa. Recuerda: si la alta dirección no ve el valor de un programa, no llegará a ninguna parte.

Desde mi perspectiva personal, fueron muchas las personas que me ayudaron a prepararme para este camino de la vida. Uno de mis primeros patrocinadores fue mi tía Bernice. Mi tía Bernice fue una líder en el campo de la educación y me apoyó en mis preguntas de "pero ¿por qué?". Hasta el punto de que cuando le pregunté "¿por qué no puedo ir a la escuela todavía?" (nota al margen, solo tenía cuatro años), mi tía estuvo de acuerdo en que estaba preparada y apoyó la excepción académica para que empezara el kindergarten. Para ayudarme a comprender las amenazas y los retos, intervinieron mis padres: Lee y Leona Lowery (ya sé, los nombres, demasiado bonitos, ¿verdad?). Para entender mi historia, es importante entender la de ellos.

Mi papá tuvo que enfrentarse a muchos problemas en su juventud. Ya fuera que le negaran el servicio en una cafetería o que le llamaran de todo menos por su nombre más veces de las que podía contar, se apoyaba en su fe para salir adelante. Su padre (mi abuelo) era diácono bautista y capataz en la empresa *General Motors Corporation*. Mi abuela fue ama de casa, y miembro de la iglesia, cantando en el coro y siendo activa en la comunidad como *Eastern Star* (una orden centrada en ejemplos bíblicos de trabajar juntos por el bien). Mi abuela y mi abuelo criaron a 10 hijos en su pequeña casa de Saginaw, Michigan, todos ellos comprendieron la necesidad de compartir, sacrificarse y, aun así, dar a los demás a lo largo del camino. Esta comprensión llevó a mi papá a una pequeña iglesia menonita en su vecindario. La iglesia menonita tiene tres principios fundamentales dentro de nuestra confesión de fe: 1) Jesús está en el centro de nuestra fe, 2) la comunidad está en el centro de nuestras vidas y 3) la reconciliación está en el centro de nuestro trabajo. La gente de la iglesia emanaba estos valores. Contar con un pastor de raza caucásica al frente de una congregación integrada por afroamericanos, caucásicos y diversas etnias, en una época en la que los disturbios civiles eran importantes, era todo un acontecimiento. La religión es una comunidad muy unida. No había muchos menonitas afroamericanos en el país, por lo tanto, cuando el pastor mencionó que un colega clérigo de Pensilvania había hablado de una mujer afroamericana soltera en su congregación, ¡la Conexión Menonita estaba en marcha! Aunque ella misma era una menonita devota, mi mamá también había tenido experiencias con desafíos raciales en su zona rural de Masontown, Pensilvania. Estos desafíos también se manifestaron a través de su propia familia. Su padre (mi abuelo) nació de padres afroamericanos y de raza caucásica y este hecho familiar le había impedido conocer a la mitad de su familia. Mi abuelo, un hombre de carácter fuerte, mantuvo a su familia trabajando en las minas de carbón, lo que subraya el valor del trabajo exigente. Mi abuela estuvo allí apoyando a la familia y también a la comunidad. Ella sentía que era su deber ayudar a amigos y vecinos en su vida cotidiana, ya fuera cuidando a los niños, cocinando o lavando la ropa. Todo esto con su propia casa llena de seis hijos (tres niños y tres niñas).

Y ahora, volvamos a mamá y papá. Con información compartida por ambos pastores, mi mamá accedió a que le presentaran a mi papá mediante correspondencia. Se escribieron cartas durante tres años antes de conocerse. La misma tarde en que finalmente se conocieron, mi papá le propuso matrimonio mientras caminaban a la ciudad desde la estación de tren a la que él había llegado. Con la bendición de mi abuelo, se comprometieron.

Mi papá regresó a esa pequeña iglesia en Saginaw y años después se convirtió en el pastor. Y, por cierto, al momento de escribir esto, mis padres ya llevan 57 años de casados y contando.

Sus retos, sus aprendizajes, su habilidad para superar situaciones desagradables crearon belleza en el desconsuelo. Soy hija única de Lee y Leona, nieta de James y Estella Lowery y de George y Creola Griffin. Nací con la determinación, la fuerza y la fe como telón de fondo.

<u>Lecciones aprendidas:</u>

<u>En lo personal:</u> Los desafíos de algunos debido a que sentían que mi familia era inferior por el color de nuestra piel eran evidentes. Los desafíos que mi familia sintió como resultado fueron palpables. Independientemente de lo que ocurría a su alrededor, mis padres tenían personas que los apoyaban. Mejor dicho, patrocinadores. La diferencia es que, mientras que una persona que apoya te ayuda a lo largo del camino y te da consejos de alto nivel directamente, un patrocinador va mucho más allá de las conversaciones contigo y comparte cosas maravillosas sobre ti con los demás.

Mirando lo que mi familia ha logrado, a través de retos y adversidades, a través del patrocinio y a través de la fe, ESTOY.ORGULLOSA. Todo ello me ha preparado para ser quien soy hoy. Yo soy quien soy porque ellos fueron, y por eso me siento bendecida.

<u>En lo profesional:</u>   Habrá altibajos en el proceso. La mejor defensa es un buen ataque: HAZ TU INVESTIGACIÓN y céntrate en las tres Cs: claridad, comunicación y coste.

Claridad: El mayor reto al que hay que enfrentarse es no tener muy claro por qué se necesita un programa. ¿De qué manera el desarrollo del programa subrayaría las estrategias de la organización, la misión o la declaración de la visión? Hay que demostrar esa relación. Además, hay que prestar atención a los aspectos clave: ¿Se produjeron interrupciones que, sin una dirección clara, prolongaron el tiempo de recuperación o tuvieron un coste excesivo? ¿Hubo en el pasado algún punto de auditoría que identificara una deficiencia que aún no se ha abordado? ¿Existen regulaciones a las que, según el sector, su organización deba o debería ajustarse (consulta los enlaces del sector en el anexo para obtener orientación sobre las normas y regulaciones vigentes)? ¿Hubo situaciones en las que, al no haber un plan claro, los clientes sufrieron al no seguir recibiendo el producto o servicio que ofrece? Sí, los clientes son leales, sin embargo, hay una expectativa a cambio. Una expectativa de que sus necesidades se han tenido en cuenta de forma proactiva. Bob Carter, profesor y director de Ciencias de la Tierra de la Universidad James Cook, ya lo dijo: "Una mala planificación por su parte no requiere una emergencia en la mía". Yo añadiría: "Y cuando ocurra, me voy".

Comunicación: Hay que ser preciso sobre cómo la puesta en marcha de un plan ayudará a la organización a estar mejor preparada para responder a las interrupciones del negocio. Además, a la hora de comunicarlo, hay que señalar que el plan no se limita al "qué pasaría si...". A medida que planifiques el proceso, conocerás mejor las dependencias de un grupo o servicio a otro. Ese conocimiento te permitirá establecer conexiones más estrechas, agilizar potencialmente los procesos y tal vez reducir el tiempo de producción en el día a día. También existirá la oportunidad de definir mejor la relación entre la tecnología y la empresa. Sí, siempre existe esa discusión sobre quién depende de quién. La realidad: El uno sin el otro no puede apoyar plenamente a la organización. Será importante tener claro cómo piensas responder a esas preguntas a lo largo de este proceso. Necesitarás apoyo. Necesitarás representantes de alto nivel de cada una de las áreas principales que informan la alta dirección, para proporcionar información continua y tomar decisiones sobre las necesidades y seguir adelante.

Independientemente de que se llame "comité de gestión" o "equipo de gobernanza", será importante que este grupo escuche a sus homólogos, comprenda los temas e intereses comunes necesarios para soportar una interrupción y, tal vez, racionalice el día a día. Pueden identificar puntos de contacto con los que ponerse en contacto para obtener información sobre la empresa, los servicios críticos, las dependencias, las necesidades, etc. Aquí viene lo bueno, después del magnífico trabajo que haces para explicar por qué se necesita algo, tendrás que darles un calendario general o una hoja de ruta para lograrlo. Lo entiendo; no sabes lo que no sabes. Esto es lo que sí sabes: necesitarás comprender el estado actual. Tendrás que entender los riesgos, las prioridades de esos riesgos, las mitigaciones actuales y los puntos de conexión entre los grupos que pueden facilitar la recuperación: ¿quién tiene que hacer qué, cuándo y dónde? ¿Cómo entrenamos a estos miembros del equipo? ¿Cómo podemos comprobar si nuestras suposiciones son correctas? No existe un calendario mágico que indique cuándo se puede reunir todo esto, sino que depende de la organización, la cultura y la claridad de la matriz RACI (responsable, autoridad, consultor e informado). Será importante compartir con la alta dirección una hoja de ruta que identifique el calendario para llevar a cabo la evaluación de riesgos, la solución de recuperación y el desarrollo del plan, así como las pruebas.

Coste: A un nivel alto, habrá costes asociados, como el software para gestionar el proceso y servir de repositorio de los datos, el coste potencial de una estructura separada para apoyar el proceso de recuperación, el coste de los materiales de capacitación. Una vez más, no hay un número mágico aquí, sin embargo, vuelvo al punto clave: HAZ TU INVESTIGACIÓN sobre el software del sector y comparte las cifras iniciales. Haz hincapié en que se trata únicamente de dar una idea de los costes potenciales, y que cuanto más trabaje el equipo en esta área, mejor podrá ofrecer cifras más precisas. Comunícales que se hará un seguimiento del progreso. Quizás debas organizar reuniones trimestrales periódicas para comunicar los avances de tu hoja de ruta y aclarar los costes. Así te asegurarás de contar con su apoyo tras las fases necesarias para confirmarlo. Se presentarán retos, habrá altibajos. El trabajo que haces es importante. Recuerda las tres C: claridad, comunicación y coste.

Capítulo 2: Analizar-Disminuir la velocidad para acelerar

"Cuanto más aprisa voy, más atrás me quedo"- Lewis Carroll, autor de Alicia en el País de las Maravillas.

La fase de analizar del proceso PARSE tiene que ver con la identificación real de las necesidades críticas. Mediante la realización de una evaluación de riesgos, se pueden determinar las áreas que podrían causar o han causado problemas potenciales dentro de la organización. Comprender el riesgo, la categorización (alto, medio o bajo) y las acciones necesarias para mitigarlo permite establecer tácticas y controles para abordar las necesidades. Además, lo que algunos denominan análisis de las funciones críticas o del impacto en el negocio es un proceso mediante el cual una organización puede identificar y priorizar los servicios críticos que, de no llevarse a cabo, afectarían negativamente a la continuidad de la organización. Al identificar estas funciones, dependencias y necesidades de recursos, pueden adoptarse medidas alternativas para continuar durante situaciones no tan normales.

Es junio, casi fin de mes/fin de trimestre. Estamos muy ocupados. Tantas cosas que hacer, tantas cosas de las que hay que hacer un seguimiento. He pasado a gestionar las operaciones comerciales de nuestro grupo de riesgos, y estoy aprendiendo, y estoy contribuyendo, y ocupada,

ocupada, ocupada. Estoy a tope, y he perdido tiempo haciendo un viaje familiar a Texas. Fueron 22 horas de ida y vuelta. Probablemente debería haber ayudado a conducir. Me quedé dormida en cuanto salimos a la carretera, estaba muy cansada. ¡Ridículamente cansada! Ni siquiera me desperté en las paradas. No me he sentido muy bien en el último mes. Calambres en el pecho. Probablemente he dormido mal, pero estoy demasiado ocupada para preocuparme por eso; ocupada, ocupada, ocupada. He vuelto a la oficina, tengo que ponerme al día, tengo una reunión con la alta dirección de la empresa (director general (CEO, por sus siglas en inglés, director de tecnologías (CIO, por sus siglas en inglés), etc.) mañana a primera hora. Todo el trabajo está hecho, pero tengo que revisarlo dos o tres veces para asegurarme. Y esta noche tengo el recital de Arianna (nuestra hija); toca el clarinete, su primer recital. Tengo mucho que hacer, todavía no me siento bien, pero no puedo parar, no pararé, ocupada, ocupada, ocupada. He repasado mi lista y ahora me apresuro para llegar a tiempo al recital. Los calambres en el pecho son cada vez más fuertes y agudos. Tan agudos que a veces me dejan sin aliento (tengo que comprarme un colchón nuevo, este viejo me está matando). De camino al recital, me acordé de que había llamado mi mamá. Debo devolverle la llamada o se preocupará. Tengo 36 años y todavía se preocupa como si yo tuviera 16. Tengo todo bajo control, no hay nada para ver aquí.

"¿Mickey?" Mi mente está por todas partes, he llamado a mamá, pero perdí mis pensamientos, me sobresalto cuando oigo su voz.

"Hey...Ma."

"Mickey, qué pasa, no suenas bien".

"Estoy bien Ma... sólo ocupada." Mi respiración se tambalea. Tengo que relajarme. En cuanto llegue al recital, lo haré.

"Mickey, ¿hay una clínica cerca de ti. ¿Puedes pasar?"

"Ma... estoy bien. Sólo necesito ir... al recital de Anna (nuestro nombre alternativo para Arianna). Te llamaré... más tarde. Te quiero, adiós." Dios, pagaré por eso. Colgué demasiado rápido en medio de su preocupación. La llamaré más tarde, cuando haya podido sentarme. Tal vez debería parar. Ya casi llego. Sólo necesito tratar de enderezar este calambre/dolor. Llego al recital. El estacionamiento es una locura. No llego tarde, pero seguro que no llego temprano. ¡Caray! ¿Dónde está Oscar? ¿Dónde están los niños? Me cuesta caminar. Sólo necesito sentarme. Sólo necesito recuperar el aliento. Ahí están. Sección media, al menos no tengo que trepar por encima de la gente para sentarme. Estoy muy mareada, algo va mal. Qué molesto. ¿Quién tiene tiempo para esto? Este maldito dolor. ¿Por qué es tan difícil respirar? Vale, me rindo. Necesito llegar a casa. Sólo necesito acostarme.

"Oscar", le digo. "Tengo problemas para respirar".

 "¿QUÉ?" "¿QUÉ ESTÁ PASANDO?"

"Oscar", digo. "Tenemos que llamar la atención de Arianna después de su solo, tenemos que levantarnos y caminar hacia la puerta lateral, con ella a cuestas, y volver a casa". Él no es bueno en situaciones de emergencia. ¡Debemos ser organizados en nuestra salida! Hacemos un gesto a Anna después de su solo, salimos de acuerdo con el plan, y ahora, además de estar sin aliento, no puedo caminar completamente erguida. Demasiado doloroso.

Oscar me mira. "Sube a mi coche, yo te llevo a casa".

"De ninguna manera. Tendría que dejar el coche aquí; tengo demasiado que hacer mañana". Ocupada, ocupada, ocupada. "¡Voy a casa conduciendo yo misma!" Incluso yo parezco un poco obstinada para mí misma en este momento, pero no importa, sólo necesito acostarme. Para cuando llegué a casa, respirar era un verdadero lujo, mi pecho se sentía como si hubiera un elefante sentado en él, y no había manera de que me acostara. Podría no volver a levantarme. "Oscar, llévame al hospital", susurré.

"¿Tengo tiempo de prepararme un sándwich?". La expresión de mi cara respondió a su pregunta, y al hospital nos fuimos. Llegamos allí. Necesitaba ayuda para andar, el dolor era muy intenso. No podía responder a ninguna de las preguntas que me hacían en urgencias y, antes de que me diera cuenta, me estaban llevando rápidamente los paramédicos.

"Se está desvaneciendo. Necesita morfina. ¿Quién está de turno?"

" Nada de morfina", dije. He oído historias de personas que con eso han visto elefantes de color rosa y otras cosas, necesito tener la mente clara. Tengo reuniones mañana.

"Tenemos que llevarla a rayos X".

Mis pensamientos: ¿"Rayos X"? Mientras sea rápido. Tengo cosas que hacer". El doctor está aquí ahora. Está diciendo algo, no puedo entenderlo.

"Sra. Turner, necesita ser hospitalizada".

"Oh no, tengo demasiado que hacer. ¿Puede darme una pastilla?"

Su mirada. Algo parecida a la mía anterior. Una mezcla entre preocupación, molestia y urgencia. "Sra. Turner, no estoy seguro de por qué sigue aquí, viva quiero decir. Pero ya que lo está, ¿le importa si hago lo necesario para salvarle la vida?"

¡Oh, no! Solo espera. Cuando salga de este intenso dolor, y pueda verle a él en vez de a dos, ¡le escribiré una carta a alguien! Lo siguiente que recuerdo es que estoy en la unidad de cuidados coronarios y me piden que revise un documento de directivas médicas. Un documento para dar instrucciones sobre lo que se debe hacer si no sobrevivo. ¿Un testamento? Me despierto de nuevo y estoy en una habitación. Las cosas no están claras. Veo a quien creo que es mi actual gerente. "Un momento, si estoy muerta Señor, ¿por qué te pareces a mi gerente?". Me desvanezco de nuevo. Estuve siete días en el hospital. Allí celebré el cumpleaños de mi hijo. Vinieron amigos, uno de los cuales me ayudó a romper las reglas y bajar a la tienda de regalos (soy tan rebelde). No sólo tuve una embolia pulmonar, sino que, según los médicos, mis pulmones estaban llenos de coágulos de sangre, y el único lugar al que les quedaba por llegar era mi cerebro, un aneurisma. No llegué a esa reunión, pero seguía en la tierra de los vivos, y mucho menos ocupada. ¡Por mí estaba bien así!

<u>Lecciones aprendidas:</u>

<u>En lo personal:</u> ¿De verdad? ¿Tan importante era la reunión? ¿Tan importante como para poner en peligro mi salud, mi tiempo en familia, mi todo? Todo es posible, pero no todo al mismo tiempo, y no sin límites saludables... Bajar el ritmo es saludable. Piénsalo, hay frenos en un coche, no para asegurar que nunca te muevas, sino para asegurar que cuando lo hagas, puedas hacerlo de forma controlada. Hacer una pausa cuando sea necesario y acelerar cuando proceda. Siempre me habían enseñado que uno debe tener un equilibrio entre el trabajo y la vida personal. Para ser sincera, esto es lo que me estaba afectando. El equilibrio entre la vida laboral y la personal no existe, al menos para mí. Mi familia siempre será mi prioridad, así que el intento de equilibrio no es factible. Mi clave en este espacio es la armonía y/o la integración. Reconozco que ambas cosas deben coexistir. Una gran parte de la creación de esa armonía es también actualizar el cuidado por uno mismo. La realidad: no puedes cuidar de los demás, si estás retorciéndote en alguna parte, incapaz de funcionar, porque no te queda nada que dar. Realiza tu propia evaluación personal de riesgos: Cuál es el impacto de que yo haga o deje de hacer "X", cuál es la probabilidad de que este impacto se produzca si este riesgo llegara a materializarse, y sí, qué controles puedes poner en marcha para mitigar los riesgos a los que eres susceptible (exceso de trabajo, preocupaciones, no cuidar de tu salud, etc.). ¡Ten muy claros los controles! Tómate descansos, da un paseo rápido, cómprate una silla especial (la mía es roja) en la que sentarte con un buen libro, una taza de té Earl Grey y una manta suave y abrigadora y

simplemente sé. En resumidas cuentas, haré lo que sea necesario para integrar mi trabajo en las necesidades de mi familia, pero, al fin y al cabo, ¡LA FAMILIA GANA!

<u>En lo profesional:</u> Esta es el área que puede darte claridad sobre tu apetito de riesgo como organización, así como una comprensión de qué servicios deben priorizarse para apoyar una recuperación efectiva o la continuación de los servicios. Previamente, identifica el alcance de la evaluación (ejemplo: sitio, estado, país). Hay que abordar cuatro aspectos: susceptibilidad, evaluación de la situación, perfil y análisis.

Susceptibilidad: Esto será diferente para cada organización. La pregunta es: ¿Cuáles son las amenazas/peligros a los que la organización es más vulnerable? ¿Qué probabilidad hay de que se produzcan y qué repercusiones tendrán? El impacto y la probabilidad son riesgos inherentes. La definición general es que, en este estado, es lo que es. A esto hay que añadir los controles existentes para mitigar el riesgo (riesgo residual) y los detalles necesarios para trazar el riesgo, si se dispone de ellos. El siguiente paso es documentar los riesgos que se derivarían, si esta situación llegara a materializarse. (NOTA: Para obtener información más detallada sobre las posibles categorías de riesgo, consulta el detalle del Comité de organizaciones patrocinadoras COSO en la sección de referencias del anexo).

Evaluación de la situación: ¿Cómo se puede graficar el riesgo? Las matrices son útiles para visualizar dónde se sitúan los riesgos (riesgo alto en rojo, riesgo medio en amarillo, riesgo bajo en verde o no hay color). Colocar el riesgo inherente en el eje vertical y el residual en el horizontal.

Perfil: Independientemente de que se decida incluir todos los riesgos señalados o sólo los altos y moderados, hay detalles que serán útiles para seguir y supervisar los progresos. La periodicidad podría ser mensual, trimestral o la que determine el comité de gestión. ¿Cuáles son los riesgos que la organización puede aceptar? ¿Qué riesgos, en función de su impacto, deben abordarse?

Análisis: Desde el principio nos dimos cuenta de que era necesario adaptar el programa a la estrategia de la organización. Esto también afecta a la estrategia de cada equipo. Es necesario comprender qué funciones y servicios apoyan la consecución de esas estrategias. Una vez entendido esto, ¿con qué dependencias se alinean esas funciones? ¿Qué recursos serán necesarios para garantizar la realización de las funciones? ¿Cuándo deben ponerse en marcha las funciones para no afectar negativamente a la organización (en segundos, minutos, días, etc.)?

El anexo C- #1 proporciona una plantilla para el proceso anterior hasta el análisis. Piensa en una amenaza de tu propia organización, empieza a detallar esa amenaza y el riesgo resultante utilizando la dirección proporcionada. Grafica el riesgo en la matriz y, a continuación, comienza a especificar los detalles del riesgo que se pueden utilizar para realizar un seguimiento del progreso utilizando la plantilla del perfil de riesgo.

El anexo C-#2 proporciona una plantilla para documentar los detalles a los que se hace referencia en el área de análisis. Todo ello ayuda a comprender el perfil de riesgo y los requisitos necesarios para apoyar la recuperación o la continuidad del negocio.

Capítulo 3: Remediar-
Tu trabajo ni tu situación actual te definen

"No confundas tener una carrera profesional, con tener una vida". Hillary Clinton, Ex Secretaria de Estado de Estados Unidos

En el espacio de la continuidad, la fase de remediar reconoce las funciones críticas identificadas previamente y solicita que se pongan en marcha estrategias de recuperación para recuperar estas funciones, incluso si no puedes hacerlo en la instalación principal. Tanto si se trata de recuperar en otro sitio, utilizando un enfoque alternativo a nivel local o regional, la recuperación de las funciones se llevará a cabo, sólo que de otra forma. El negocio seguirá adelante.

Mi papá me llamó el 14 de septiembre a las 7 de la mañana. No es inusual, hablamos con regularidad, pero ese día, sus palabras tocaron una fibra sensible. Incluso con la demencia afectando a su proceso de pensamiento, sigue al tanto de la actualidad. "Mickey", me dijo (sí, ése es mi apodo), "las noticias dicen que hoy habrá despidos en tu empresa. ¿Seguirás teniendo trabajo?"

"Bueno, buenos días, papá, aún no estoy en el trabajo, pero no creo que esto me afecte". Yo había contribuido mucho. Llevaba allí casi 10 años, ascendiendo dentro de la empresa, de jefe de programa a gerente, creando programas globales y participando en sesiones de liderazgo con visibilidad en todos los ámbitos. En la empresa pasan cosas, pero yo debería estar a salvo. ¿No es cierto? Hice todo lo que pude para asegurarle a mi papá que todo iba bien, y entonces consulté mi correo electrónico. Un mensaje de nuestra alta gerencia que decía que hoy sería un día difícil, que habría reducciones de personal y que debíamos pensar en nuestros colegas afectados en ese momento. Me dije: "Por supuesto, será duro para ellos, estaré ahí para apoyarles". Diez minutos más tarde llega otro correo con "permisos de no reenviar" y una solicitud para reunirse en una sala de conferencias a una hora determinada. Mis pensamientos: "Ahhhh, probablemente quieren secuestrarnos mientras mantienen conversaciones con los afectados. Sin duda estaré allí por mis colegas".

Llegué a la oficina y se respiraba un ambiente muy sombrío. Silencio, sin ajetreo. No había gente hablando, moviéndose rápidamente para ir a reuniones, sólo silencio. Mis pensamientos: "Sí, esto va a ser duro". Veo a mi colega que llevaba más de 20 años en la empresa. Tiene lágrimas en los ojos. "Michele", me dice, "¿has recibido el correo?".

Aunque sólo sea por eso, soy una seguidora de las normas, y el correo decía que no lo reenviara ni lo comentara. "No estoy segura de lo que quieres decir". (Soy horrible mintiendo...).

"Michele, si tienes un correo para reunirte en la sala de conferencias a "X" hora, te van a despedir, como espero yo".

Mis pensamientos: "Vaya", la presión le está afectando". Le respondo: "Si he recibido un correo, seguro que no es eso". Qué tonto se va a sentir cuando se dé cuenta de que está muy equivocado y que en este momento sólo debería tener en cuenta a los demás". Continué: "Tengo trabajo que hacer, pero te acompañaré a la sala de conferencias".

"Michele", dice en voz alta. "¡Al carajo con el trabajo! Nos van a despedir".

No tenía tiempo para esto, demasiadas cosas que hacer antes de la reunión. Hago algunas cosas, me reúno con él en el pasillo y nos dirigimos hacia allí. Cuando entramos en la sala, alguien dice: "¡Oh, Michele, tú no!". Pienso: "Que Dios la bendiga, se ha equivocado de sala. Sin duda estaré a su lado cuando le pidan que salga". Le digo a mi colega que quiero sentarme delante. Quiero asegurarme de que recibo toda la información que necesito, para poder seguir las directrices sobre cómo comunicar eficazmente durante este tiempo.

Ahora me mira preocupado: "Michele", me dice, "cuando te des cuenta, mírame y asiente con la cabeza".

Mis pensamientos: "Ya estamos otra vez". La alta gerencia pasa al frente e inmediatamente comenta lo duro que es el día, y que todos en la sala se han visto afectados por la reducción de plantilla. Yo lo oigo, pero no. Empiezo a balancearme. Lo hago cuando estoy muy pensativa. Entonces dicen que van a pasar la sesión a recursos humanos para hablar de las indemnizaciones por despido en general. Pienso: "¿Indemnizaciones por despido? Espera, algo no va bien. ¿Me he equivocado de sala?".

Empiezo a darme golpecitos con las uñas, hago esto cuando estoy un poco nerviosa. Y entonces, la pieza de resistencia, el departamento de recursos humanos nos dice que podemos abandonar el lugar hoy mismo, que no hace falta que volvamos. Habrá bolsas durante el fin de semana en una zona segura para dejar nuestras cosas. Nos piden que nos demos la vuelta y recibamos nuestros paquetes personalizados de manos de los representantes que están al fondo de la sala. Me doy la vuelta. ¿DE DÓNDE CARAJOS HAN SALIDO? Cuando estoy muy alterada, lloro por un ojo. Sí, es la hora de la *Gloria* (por cierto, *Gloria* es una gran película). Así que ahora me balanceo, doy golpecitos y lloro por un ojo. Tendré suerte si no llaman a seguridad. Miro a mi colega y asiento con la cabeza.

El resto lo recuerdo confusamente: quería terminar de enviar las notas del proyecto y me di cuenta de que era inútil. Quería hacerlo de todos modos, pero no podía concentrarme. Recuerdo que pensé: "Deja mis cosas. Mi portátil. Mi placa. ¡PERO SI SON MIS COSAS!". Llamé a mi esposo para avisarle. No sabía muy bien qué hacer después de eso. ¿Ir al restaurante Applebee's? Sí, eso es. Ahogaré mis penas en una hamburguesa y un brownie. ¿Qué había hecho o qué no había hecho para que me pasara esto? Siempre me llamaban para hablar en eventos, siempre me consideraban una colaboradora clave, ¿qué había pasado? ¿Había enfadado a alguien? ¿Y ahora qué? Había querido trabajar para esta gran organización tecnológica desde que estaba en el último grado de la secundaria, y lo hice, y tuve éxito... hasta ahora. ¿Y ahora qué? ¿Me preocupaba no encontrar otro trabajo? No, simplemente me sorprendió que me hubieran dejado marchar. La realidad me golpeó. Los mismos conocimientos que tenía diez minutos antes, las mismas certificaciones, la misma influencia en la industria, la misma fuerza... seguía teniéndolos. Tenía un plan de mitigación, y era el hecho de que mis conocimientos no eran específicos de una empresa. Podía aplicarse a diversos sectores y organizaciones. Local, sitio alternativo, regional; había oportunidades de recuperación por todas partes, y me recuperaría de este evento, de este riesgo, abordando las interrupciones en el camino. ¡Así soy yo!

Lecciones aprendidas:

<u>En lo personal:</u> Un despido, una reducción de plantilla… esto…son negocios. Las empresas se fijan en los resultados y en otros criterios corporativos para tomar este tipo de decisiones difíciles. Había dado tanto de mí que había convertido esta entidad, este "algo" en un "alguien". Esto era un negocio, y yo me lo había tomado como algo personal. Aunque me propuse encontrar otro trabajo, me costó conciliar mi pérdida. Sí, pérdida. Esto es lo que me sacó de ella, mi hija de 20 años. "Mami", me dijo, "siempre dices que te encantan los retos. ¿Verdad?"

"Sí, nena, así es", respondí.

"Dices que siempre aprendes algo nuevo, y que realmente demuestras lo fuerte o experta que eres. ¿Verdad?"

"Sí, nena, eso es verdad. Eso es lo que creo". ¿A dónde quería llegar con esto? Siento que me está tendiendo una trampa.

"Bueno mami, esto parece un reto, uno grande para ti, debes estar emocionada por la posibilidad." ¿Puedes castigar a una chica de 20 años? ¡Ella tenía razón! ¡Tenía MUCHA RAZÓN! Mi orgullo estaba herido, pero era un reto que podía superar, y lo superé. Me convertí en instructora del Instituto Internacional de Recuperación Ante Desastres (*Disaster Recovery Institute International*, o DRII por sus siglas en inglés), y la recompensa de compartir con otros la continuidad del negocio-prácticas profesionales (localizada aquí) fue increíble. Además, volví a esa misma organización al cabo de cuatro meses y me quedé allí otros dos años hasta que decidí que aceptaría una gran oferta de una increíble organización de comercio electrónico.

Tu trabajo, tu papel en la oficina, son sólo una mera porción de la fenomenal persona que eres. Tú ERES mucho más. Tú TIENES mucho más. Nunca olvides las muchas facetas de tu valor en este camino de la vida.

<u>En lo profesional:</u> El profesional de la continuidad del negocio se encuentra en una posición sólida para ver el panorama general de la organización, incluidos los retos y riesgos que podrían impedir el progreso. Una vez comprendido esto, el paso que queda por dar es identificar qué solución de recuperación puede satisfacer las necesidades de la organización. Tres soluciones para considerar son: la solución local (trabajar desde casa y un lugar alternativo cercano, pero lo suficientemente lejos del sitio afectado) y la solución remota (redundancia geográfica). A continuación, se enumeran una serie de consideraciones, que no constituyen una lista exhaustiva, sino elementos a tener en cuenta:

Local

Trabajo desde casa: La clave está en saber qué funciones pueden realizarse desde casa y cuáles no. Por ejemplo, ¿qué le parecería a la organización proporcionar a los empleados un inventario de cheques de la empresa, con una impresora de cheques para generar los cheques de nómina? Creo que no. Por ello, ésta puede ser una función que deba realizarse en la sede de la organización. Otras consideraciones clave para esta área podrían ser: ¿hay contactos de respaldo anotados en caso de que el recurso principal no esté disponible debido a un desastre u otro? ¿Todos los empleados identificados con una función de recuperación o continuación disponen del equipo necesario? ¿Disponen de una computadora portátil, acceso a los procedimientos, los permisos necesarios y acceso a los sistemas y software desde ese sitio?

Lugar alternativo: ¿Cuenta el lugar alternativo con los equipos y recursos necesarios para apoyar las funciones críticas? ¿Hay espacio disponible y confirmado para uso de la organización? ¿Existe una estructura en la nube que deba reconocerse?

Remota: En caso de que se produzca una interrupción en toda la región, ¿se ha capacitado al personal regional del departamento de recursos humanos, con permisos y acceso a procedimientos para apoyar los requerimientos? ¿Hay consideraciones lingüísticas que se hayan tenido en cuenta como parte de esta solución? ¿Cómo se ajusta la solución remota al modelo de "seguir al sol", es decir, están alineadas las zonas horarias? Esto es muy útil en el caso de los servicios de atención al cliente, ya que permite responder inmediatamente a las llamadas en las zonas horarias a las que está acostumbrado el cliente.

Recuerda que debes aprovechar la información sobre riesgos a medida que se elaboren los escenarios. Los escenarios pueden ser meteorológicos, tecnológicos o de otro tipo. ¿Qué categorías deben tenerse en cuenta para cada una de las soluciones? Con todos los detalles que se han recopilado hasta la fecha, es hora de reunirlo todo en un plan. Documentar el propósito, el alcance, los equipos que apoyan las funciones críticas, además de la información de notificación y contacto. ¡NO OLVIDES LOS DETALLES DEL VENDEDOR! ¿Han preguntado si tienen un plan? ¿Saben que deben prestar apoyo a una de las funciones críticas de la organización? ¿Está todo claro en cuanto a los desencadenantes que pasan de incidente (situación controlable) a crisis (fuera de control y que requiere la aplicación del plan)? ¿Todos tienen claro el propósito y la ubicación del Centro de Operaciones de Emergencia (EOC, por sus siglas en inglés), ya sea virtual o físico, para garantizar que existe un punto y un proceso para apoyar la toma de decisiones en una situación de crisis?

Capítulo 4: Sustentar-

Ponerlo a prueba

"La vida tiene muchas maneras de poner a prueba la voluntad de una persona; o haciendo que no pase nada, o haciendo que todo pase al mismo tiempo". Paulo Coelho, letrista y novelista brasileño

En la fase de sustentar se ponen a prueba las estrategias de mitigación documentadas. Las estrategias parecen estupendas sobre el papel, pero ¿funcionan realmente? En esta fase, las pruebas realizadas pueden no ser perfectas. Habrá oportunidades de mejora. Esto es algo bueno. Descubrir estas cosas durante una prueba, en lugar de durante una catástrofe real, permite introducir cambios. Lo que tendemos a encontrar durante este tiempo, es una verdadera comprensión de lo que puede, y no se puede vivir sin.

En 2013, a mi padre le diagnosticaron demencia del lóbulo temporal. Mi héroe, el hombre que, junto con mi madre, limpió casas y solicitó préstamos para pagarme la universidad en su alma mater, se enfrentaba a un diagnóstico que le cambiaría la vida. ¿Cómo me enteré de su enfermedad? Yo vivía en Washington, y mis padres aún vivían en Illinois. Mi madre me llamó con un tono de preocupación en la voz. Era un tono que no había oído antes. Incluso cuando sufrió un desprendimiento de retina que la dejó ciega de un ojo, nunca había oído ese tono.

Durante ese tiempo, leía cuentos a la clase de preescolar de la iglesia. Su ceguera amenazaba con quitarle eso. En lugar de decepcionar a los niños, mi padre le leía los cuentos con antelación, ella los memorizaba y creaba personajes de fieltro para mostrar la historia, en lugar de limitarse a leerla. Al final tuvieron que extirparle el ojo. Después de la operación, su comentario general fue: "Bueno, supongo que Dios me dejará entrar con un ojo". Cuando oí el tono de preocupación en su voz por mi padre, supe que no se trataba de un simulacro. Tomé un vuelo a Illinois, decidida a hacer mi propia evaluación de los riesgos. Aterricé un viernes y el domingo por la noche, con la ayuda de mi mejor amiga y su hijo, empaqué todo con la intención de mudarlos conmigo. Sí, era una decisión importante, pero hacer esto por mi padre, por mis padres, que habían hecho tanto por mí, era una decisión obvia.

A lo largo de los años, hemos aprendido cosas. Aprender a tener un poco más de paciencia, a mostrar un poco más de gracia y, por supuesto, a comunicarse con el respeto que se merece como padre increíble que es. Y entonces ocurrió el COVID-19. Todo lo que habíamos aprendido en el transcurso de los años anteriores, se pondría a prueba. La mejor manera de describirlo es a través de un blog que escribí y publiqué en la Asociación de Alzheimer de Washington y que se reprodujo en el *Disaster Recovery Journal*.

<u>*Los refugios en lugares de la mente*</u>

No pertenezco a la profesión médica ni soy una científica que pueda opinar sobre la composición interna del virus del COVID-19. Soy una líder en la industria de la resiliencia empresarial, con énfasis en las áreas de gestión de riesgos, respuesta a emergencias y continuidad del negocio. Aun así, no escribo únicamente desde ninguna de esas perspectivas. Escribo como una persona que tiene un ser querido con demencia. Un ser querido que, aunque vive este acontecimiento mundial en el que el mantra es "estamos juntos en esto", no puede conectar plenamente con este tema. El mensaje simplemente no resuena con ellos de la manera en que resuena con los demás.

La realidad es que esta "nueva normalidad" no es en absoluto normal para ellos. Esta nueva normalidad les quita estructuras a las que se han acostumbrado, estructuras a las que han necesitado seguir aferrándose. Buena, mala o indiferente, la estructura de "hoy" fue lo que les ayudó a superar el caos y los destellos incoherentes de "ayer".

Con la incertidumbre que esto supone, estoy descubriendo que hay maneras de ayudar: maneras de ayudar que se alinean con mi profesión, maneras que me ayudan a mantenerme durante este tiempo y maneras que me ayudan a ayudarles. Mis tres maneras son:

Colaboración y conexión
No podemos hacerlo solos y no debemos hacerlo solos. Tener demasiadas cosas a cuestas provoca estrés, especialmente en esta época. Lo que se necesita es reducir

la velocidad para acelerar. De lo contrario, no es saludable ni productivo. Ayúdense mutuamente a llevar la carga. Pasen más tiempo al teléfono con ellos, por videoconferencia, hablando y compartiendo los recuerdos que tienen claros. He descubierto muchas cosas que desconocía de tiempos pasados, simplemente escuchando y conectando.

Celebración

Tenemos que encontrar las áreas en las que podemos celebrar las victorias. ¡Esto es fundamental! Si no podemos ver el progreso, el desánimo no tarda en aparecer. Esto nos conduce rápidamente a ninguna parte. Una victoria que he encontrado hoy mismo tiene que ver con la tecnología. Mi ser querido está acostumbrado a ir a la iglesia todos los domingos, sin falta. Con el COVID-19 y el encierro requerido, esto no es posible en este momento. Ganancia: ¡Un nuevo portátil al rescate! Acceso a la transmisión en directo de los servicios de la iglesia en casa. Puede parecer una pequeña victoria, pero la tranquilidad que esto ofrece es inconmensurable.

Continuidad

Donde puedas encontrar normalidad, aférrate a ella e impulsa esa continuidad. Encuentra un vínculo que te ayude a mitigar la reacción o el estado emocional de la pandemia actual, al de gestionar la respuesta, basándote en los planes y procesos desarrollados previamente. Mi ser querido siempre ha estado acostumbrado a ayudar a los demás. Dada la condición, esto ha sido difícil, pero encuentran la manera. ¡El teléfono se utiliza mucho! Comprueban que la gente está bien. Ése es su modus operandi. En la medida de lo posible, hacen todo lo posible para hacer lo que es natural para ellos, lo que es normal para ellos, ayudando a guiar a los demás en medio del desafío.

Los refugios en los lugares de la mente: el COVID-19, la demencia y mi "ser querido"... mi padre.

<u>Lecciones aprendidas</u>

<u>En lo personal:</u> En concreto, la pandemia del COVID-19 ha hecho reflexionar a nuestras comunidades. Se trata de un eufemismo. Una pausa para apoyar al personal médico en su llamada a la acción para que se lancen, sin dudarlo, a hacer aquello para lo que se han capacitado: AYUDAR A LOS DEMÁS. Hacer una pausa para centrarnos en las prioridades. Nuestra comprensión de lo que es fundamental y de lo que puede aplazarse se ha puesto verdaderamente a prueba. La pregunta entonces es: ¿cómo podemos aprovechar lo aprendido y aplicarlo a nuestro día a día? ¿Cómo podemos aprovechar este momento tan impactante para crear resiliencia, de modo que, cuando se produzcan acontecimientos similares, estemos mejor preparados para afrontarlos? ¿Cómo podemos utilizar estos retos más como trampolines para apoyar la grandeza que podríamos experimentar como comunidad?

<u>En lo profesional:</u> Ni los ejercicios ni las pruebas logran la perfección, pero sí fortalecen al equipo gracias a las lecciones aprendidas. Fortalecen el músculo de la resiliencia para reducir el impacto de las interrupciones que puedan producirse en el futuro. Tanto si se trata de un recorrido por el plan en función de un escenario, como de una prueba para realizar la transferencia de trabajo de un sitio a otro, en la que tiene lugar la validación de volúmenes y procedimientos, el valor es significativo. Es una oportunidad para identificar las mejoras necesarias en un entorno seguro. Una oportunidad para hacer un seguimiento de los vacíos. Vacíos en el tiempo de

recuperación (real frente a previsto), y vacíos en el proceso (¿hay puntos únicos de errores?). Dos fases clave (aparte de la ejecución): 1) planificación y 2) informe y lecciones aprendidas.

Planificación: Algunas cosas a tener en cuenta: 1) proporciona una notificación a las partes interesadas clave que no participen en el ejercicio o prueba. Esto es necesario para garantizar que nadie interprete erróneamente la prueba como un desastre real. 2) asegúrate de que el escenario es realista. Cuanto menos realista, más credibilidad se perderá. El escenario debe incluir inyecciones de la empresa, ya que esto brinda la oportunidad de involucrarles e incluir situaciones relacionadas con sus riesgos y/o retos. Esto permitirá a los participantes darse cuenta del valor, y 3) ser específico sobre los objetivos y las funciones. Los objetivos aportarán claridad sobre lo que se ha logrado. Además de los participantes y el facilitador, las funciones deben incluir un escriba que se centre en tomar notas que los participantes no hayan documentado. Esto último puede aprovecharse para apoyar el documento final de lecciones aprendidas.

Informe y lecciones aprendidas

Será importante llevar a cabo una sesión informativa después del ejercicio para obtener información inmediata de los participantes, así como asegurarse de que se completa una encuesta general para medir el éxito, los pasos más útiles y las áreas de mejora.

Si bien el documento completo de lecciones aprendidas incluye un resumen ejecutivo, un alcance y supuestos, será importante dejar claros los objetivos. Además, será útil documentar las acciones por categorías para tener claros los principios básicos necesarios para mejorar el plan y el proceso. NOTA: La sección 3 del anexo C incluye una plantilla para esta sección del documento.

Capítulo 5: Examinar-Mejora continua de los procesos

"La vida es un proceso de devenir, una combinación de estados por los que tenemos que pasar. En lo que falla la gente es en que desea elegir un estado y permanecer en él. Esto es una especie de muerte". Anaïs Nin, autora franco-cubana-estadounidense de diarios, ensayos y novelas.

 La palabra PARSE en inglés no puede escribirse sin "E"; así llegamos a la última fase, examinar. En esta fase, todo lo que hemos aprendido se integra en la cultura de la organización. (Traducción a la vida: nuestros principios). La continuidad del negocio es un programa, no un proyecto. Un proyecto tiene un principio y un final, y sí, ya sé que no somos seres inmortales, así que habrá un final; sin embargo, sigo alineando la vida con un enfoque de programa. Un programa permite la mejora continua de los procesos. Cuanto más sabes, más creces. Si no crecemos, ¿entonces qué?

Solía pensar que el crecimiento representaba obtener nuevas perspectivas, más conocimientos, volverse más inteligente. Este es un aspecto del crecimiento; sin embargo, con los años he aprendido que el verdadero crecimiento se demuestra en cómo aplicas ese conocimiento y mejoras no solo a ti mismo, sino también a los demás. Este capítulo es de naturaleza más reflexiva, recordándome a mí misma aquellos momentos especiales de mi vida en los que esto se resaltó, en los que las ideas compartidas conmigo elevaron mi pensamiento, y en los que, basándome en la retroalimentación, he elevado a otros.

<u>Lecciones aprendidas</u>

<u>En lo personal:</u> Trimestre de Estudios de Servicio (SST, por sus siglas en inglés) en Goshen College. Aquí enseñé inglés en un orfanato para niñas francesas en Guadalupe, en las Antillas francesas. Recibí más de lo esperado (incluso aprendí a decir palabrotas en criollo). "¿Puedes viajar? ¿Adónde vas? ¿Qué has aprendido? ¿Cómo es Estados Unidos? ¿Conoces a Michael Jackson?". Estas preguntas, inocentes y sinceras, podían parecer simples, o incluso ingenuas; sin embargo, querían saber, así que preguntaron. Algunas palabras les salían confusas mientras practicaban su inglés, pero lo intentaban, ninguna se daba por vencido. El objetivo era aprender y aplicar ese aprendizaje a diario.

<u>En lo profesional:</u> ¿Cómo estás incorporando lo que has aprendido? ¿Cómo muestras tus valores y sigues incluyéndolos en todo lo que haces? En una organización anterior desarrollé y gestioné el consejo de gobernanza. En él trabajaba con el CIO, sus subordinados directos y los expertos en la materia para debatir las métricas y los cuadros de mando, así como los progresos que estábamos realizando como organización. Antes de una de nuestras sesiones, el CIO me dijo: "Michele, no quiero ver ninguna sandía en estos gráficos". No tenía ni la más remota idea de lo que estaba hablando. Traje galletas para el descanso, nada de fruta (por suerte, sólo lo pensé, no lo dije). Al ver la confusión en mi cara, me lo explicó todo: "No quiero ver métricas que son verdes por fuera para el equipo, pero rojas por dentro intrínsecamente". Tranquilo, compartí el mensaje y empecé a hacer preguntas de indagación para

no tener sandías en mis reuniones. "Esta métrica ha estado verde durante los últimos tres meses. ¿Deberíamos hacer un seguimiento? ¿Cómo nos ayuda a progresar en el tiempo? "Este parámetro pasó de verde a rojo en un par de días, ¿cuáles eran los indicadores principales que podrían habernos señalado los problemas antes, de modo que hubiéramos podido escalar y obtener más ayuda antes de que todo se viniera abajo?

Comparte los retos, sin hacerlo no podrás obtener la ayuda que necesitas, en el tiempo que se necesita para marcar la diferencia. Si esperas a intentar resolverlo por tu cuenta y algo se pone al rojo vivo, las opciones son limitadas, sobreviene más frustración y es un camino difícil en todos los sentidos. Acepta la visión. Ser un líder no significa ser el único que puede conducir al éxito. Un líder sabe cómo hacer participar a los demás, cómo atraer a otros y cómo ayudar a sacar lo mejor.

Para mí, lo bueno de la continuidad del negocio, y de la vida en general, es que nunca se deja de aprender. No se aprende una sola vez. Siempre habrá oportunidades de aplicar lo aprendido anteriormente a una nueva situación que se presente y construir a partir de ahí. Mi reto, y el tuyo, es aplicar las cosas maravillosas que hemos aprendido, tanto en tiempos normales como en situaciones adversas. Podemos ganar mucho más si compartimos lo que tenemos, en lugar de mantenerlo en secreto.

Capítulo 6: ¡¡¡BONO "E"!!! Educación- Nunca es demasiado tarde

"El momento de actuar es ahora. Nunca es demasiado tarde para hacer algo". Antoine de Saint-Exupery, Escritor, aviador, poeta y escritor francés

Aunque la palabra PARSE en inglés se escribe con una sola "E", añadamos otra, sólo porque sí. Esta significa educación. Como mencioné en el capítulo 4, mis padres limpiaban casas para pagarme la universidad. Esa fue la primera vez. Fui directamente a la universidad, Goshen College, el Alma Mater de mi padre, después de graduarme de la escuela secundaria en 1987. Como información de contexto, mi padre volvió a la universidad el año en que yo empecé séptimo grado. Nos mudamos a Goshen, Indiana, para que pudiera asistir a la universidad y obtener su licenciatura en Teología. Estuvo dos años en Hesston College, una facultad menonita de Kansas, y decidió terminar en Goshen, una facultad menonita de artes liberales. Dado que era su alma mater, estaba claro que yo también iría allí. En un principio mi carrera era Comercio Internacional, con una especialización en Teoría de la Música. En mi segundo año, cambié la carrera por Pedagogía y Francés. Cuando llegué al penúltimo año, después de mi experiencia en el SST, decidí que ya no quería que mis padres limpiaran casas y pidieran préstamos para pagarme los estudios. Trabajé en el campus, en McDonald's y en el periódico local. Esos trabajos me ayudaron a superar la adicción a Taco Bell que mi mejor amigo y yo habíamos desarrollado, pero eso fue todo. Aunque decidí marcharme y volver a Chicago, sabía que no abandonaría mis estudios. Simplemente los aplazaría un poco hasta que pudiera pagármelos yo misma. Y entonces llegó la vida. Me casé en 1991. Aún decidida a obtener mi título, me matriculé en el Harold Washington College, en el centro de Chicago. Tomé clases nocturnas y de fin de semana, sin embargo, las idas y venidas, aquí y allá, ¡me estaba llevando una eternidad! Dos años después, tuvimos a nuestra primera hija, Arianna. Pasé de ser una recepcionista ejecutiva en un banco del centro de la ciudad a ser secretaria ejecutiva, luego investigadora de antecedentes y, por último, especialista en recuperación de empresas en una organización financiera de Northbrook. Me pidieron que asumiera este último puesto cuando mi colega se fue de permiso por maternidad. Este puesto cambiaría el curso de mi carrera profesional. Lo que empezó como ayudando y codificación por colores de los documentos de un plan de recuperación empresarial (rosa para la información del equipo, amarillo para los datos de los proveedores), me llevó a asumir el puesto a tiempo completo. Tenía tantas recomendaciones de mejora que la dirección decidió ofrecerme el puesto cuando mi colega decidió no volver. En mis cuatro años de profesión allí tuve muchas oportunidades de aprender. De hecho, me enganché a la práctica de la recuperación de negocio (orientada a procesos); para que evolucionara hasta convertirse en una reanudación de negocio en toda regla, necesitaría acoplarla a la práctica de la recuperación en situaciones de crisis (orientada a la tecnología). Me trasladé a una empresa de consultoría tecnológica en Chicago, donde trabajé durante un tiempo (es decir, estaba en la oficina y no en las instalaciones del cliente). Nadie quería contratar a alguien que documentara un plan para los "qué pasaría si...", sin darse cuenta de que también podía ayudar en el día a día. Para empezar a trabajar con un cliente, tuve que mejorar rápidamente mi comprensión de la tecnología. Estudié AS400s, redes, routers, diagnósticos de servidores, almacenamiento en red, redes de áreas de almacenamiento, observando y optimizando el flujo de paquetes de datos, hasta que me contrataron para gestionar estos aspectos en diversas organizaciones. Una vez adentro, conseguí divertirme de verdad, y ayudarles a desarrollar su plan de continuidad del negocio para recuperar sus servicios críticos de apoyo a su estrategia organizativa, desarrollar un plan para proteger sus sistemas y, en última instancia, procedimientos de respuesta para proteger su activo más crítico: sus empleados. Había tantas cosas que hacer que no recibía muchas clases; sin embargo, en 1998, tras el nacimiento de nuestro segundo hijo, Cameron, decidí presionar hasta terminar. Con eso, en el año 2000, con mi esposo enfermo en casa, conduje hasta el centro de la Universidad Roosevelt, con mi hijo de un año y medio, mi hijo de siete años y mi madre, y crucé el escenario y recibí mi diploma. Y lo recibí con la mirada de la magnate de la televisión y editora Oprah Winfrey. ¡Sí, OPRAH WINFREY! Dio la casualidad de que su asistente se graduaba ese mismo año y ella fue la oradora de graduación. Nunca olvidaré su discurso. Preguntó a los 675 candidatos al título: "¿Qué sabéis con certeza?". Ella dijo que cada uno de nosotros tenía una vocación y que, lo supiéramos o no, nos correspondía descubrirla y dedicarnos a ella. Yo sabía que tenía mucho que hacer en la vida. Tenía que aprender cosas, hacer cosas. Hacer el bien, ayudar a los demás. Pasaron tres años y llegó Elijah, nuestro hijo. Yo había pasado de la consultoría a una empresa de redes de área de almacenamiento, como ingeniera de redes, y más tarde como vicepresidente en una organización financiera. En todos estos casos, tuve la oportunidad de ayudar en la planificación y ejecución del plan cuando se producían situaciones de desastre y crisis. Tuvieron que pasar otros 12 años antes de que obtuviera mi título de Máster en Ciencias en, lo han adivinado, continuidad del negocio. Oprah, si estás leyendo esto, gracias. Respondí a mi llamado.

<u>Lecciones aprendidas</u>

<u>En lo personal:</u> Al igual que mi padre, me di cuenta de que nunca era demasiado tarde para hacer lo que había que hacer. Él tenía 44 años cuando volvió a la universidad, yo tenía 42 cuando fui a conseguir mi máster. Podría haber tenido muchas excusas para no volver, entre ellas "¿y si fracaso? La realidad: en cualquier fracaso que tengamos, acabamos de aprender otra opción que no funciona, que nos llevará a otra que sí lo hace. Volví a estudiar, no por la promesa de un ascenso, sino por la promesa a mí mismo de esforzarme continuamente y aprender continuamente, no sólo por mí mismo, sino también para ayudar a los demás. Asumir el riesgo. Devolver para ayudar a otros a avanzar.

<u>En lo profesional:</u> ¡NUNCA DEJES DE APRENDER! En este sector hay muchos sitios a los que acudir para obtener más perspectivas. El anexo A contiene una lista de sitios web con información sobre continuidad y resiliencia. El anexo B contiene enlaces a artículos y seminarios web que también pueden resultar útiles. La creación de redes es fundamental. Relacionarse con personas que atraviesan dificultades similares, o tal vez diferentes, de las que puede obtener perspectivas antes de caer en ese bache. Si no sabes, pregunta. Si lo sabes, compártelo.

"Por si sirve de algo: nunca es demasiado tarde o, en mi caso, demasiado pronto para ser quien quieras ser. No hay límite de tiempo, para cuando quieras. Puedes cambiar o

seguir igual, en esto no hay reglas. Podemos sacar lo mejor o lo peor de ello. Espero que saques lo mejor de ello. Y espero que veas cosas que te sorprendan. Espero que sientas cosas que nunca antes habías sentido. Espero que conozcas a gente con un punto de vista diferente. Espero que vivas una vida de la que te sientas orgulloso. Si descubres que no lo estás, espero que tengas el valor de empezar de nuevo" - F. Scott Fitzgerald, novelista estadounidense.

Capítulo 7: Arriba y adelante

"El horizonte se inclina hacia delante, ofreciéndote espacio para dar nuevos pasos de cambio."- Maya Angelou, poeta y novelista.

Preparar, analizar, remediar, sustentar, examinar... PARSE, con una adición de educación. Todo esto se ha agrupado para construir una estructura, no sólo para el qué pasaría si, sino una estructura que permite a la organización, que permite a la persona, tener una mejor comprensión del estado actual.

¿Y ahora qué? ¿Cómo aprovechamos las lecciones que hemos aprendido y nos aseguramos de utilizarlas como rampa de crecimiento continuo, no sólo para nosotros mismos, sino también para los demás? Continúa expresando tu opinión, arriesgándote y manteniéndote conectado.

Expresa tu opinión

Recuerdo estar en reuniones, ser nueva en la organización o en ese equipo, y esperar para compartir mis pensamientos porque, bueno, yo era la novata y quería procesar más las cosas antes de hablar. La frustración llegaba cuando escuchaba algunas de las cosas, ideas, recomendaciones que yo estaba pensando, dichas por otras personas. Tuve que acelerar mi proceso. Tenía que confiar en mí misma para saber que lo que tenía que decir era importante, y que hacerlo era mi trabajo. Por eso tenía un sitio en esa mesa. Ese era mi sitio. Una vez que me sentía cómoda con ello, hablaba más, compartía más, y empezaron a llegarme más oportunidades. Había hecho el trabajo previo, la planificación, y estaba preparada.

Arriésgate

Habrá ocasiones en las que se te presente una oportunidad que te ponga un poco nervioso, quizá incluso te asuste un poco. Haz un pequeño análisis de riesgos. ¿Qué consecuencias tendría hacer "X"? ¿Cuál es el impacto si no haces "X"? ¿Superarán con creces las ventajas a las desventajas? ¿Qué probabilidades hay de que la oportunidad vuelva a ti si la pasas por alto? ¿Qué controles ha puesto en marcha para conseguir un home run? Utiliza esos datos para asumir el riesgo calculado que esté justificado. Yo tomé el riesgo de sustituir a mi colega hace tantos años. Podría haber dicho: "No, esto va a afectar a mi trabajo, mejor olvídalo". Tenía curiosidad, estaba preparada para una nueva oportunidad, y esta parecía una que podía ser interesante. Casi 30 años después, he podido aprender y enseñar a nivel nacional e internacional sobre un tema que me gusta mucho.

Mantente conectado

Me enorgullece decir que muchas de las relaciones que mantuve al principio de mi carrera todavía existen. Sigo solicitando información y las personas a las que he capacitado o que han formado parte de mis equipos saben que también pueden ponerse en contacto conmigo. No subestimes el valor de establecer contactos y relaciones. En una ocasión, un vicepresidente de la empresa me ayudó a conectar con un miembro de la junta directiva para que hablara en una de las reuniones de nuestro grupo de afinidad. Gracias a esa reunión y a las conversaciones que mantuvimos, se convirtió en mi mentor y en una de las personas que escribió una carta de recomendación para mí cuando solicité el ingreso al programa de maestría de la Universidad de Norwich. Estas conexiones, tanto personales como profesionales, me han ayudado a lo largo de mi carrera profesional, a lo largo de mi vida. Me han ayudado a materializar esa próxima oportunidad, y por ello les estoy agradecida. Miro a mis nietos y veo en el horizonte la esperanza que se cierne sobre ellos. Me comprometo a ayudarles a avanzar por la vida y a hacer realidad la grandeza que sé que alcanzarán.

Continuidad y resiliencia: dos palabras que podrían llevar al mismo destino, aunque variaran en el tiempo de llegada. ¿Qué has aprendido en el camino que te ha dado la oportunidad de continuar en ciertas áreas sin perder el ritmo? Por el contrario, ¿qué has aprendido a lo largo del camino que ha creado esos peldaños, esos fortalecedores de músculos que te permiten volver a levantarte después de haber estado abajo? Eso es lo que debes compartir. Comparte las experiencias, las imperfecciones, las lecciones. Sé el catalizador para ayudar a los demás y a ti mismo. Estas lecciones aprendidas son las que se necesitan para llevarnos a todos a otro nivel de conciencia, otro nivel de crecimiento y otro nivel de resiliencia.

Anexo

Asociación de Profesionales de la Continuidad: https://acp-international.com/

Instituto de Continuidad Empresarial: https://www.thebci.org/

Comité de Organizaciones Patrocinadoras de la Comisión Treadway (COSO): https://www.coso.org/Pages/default.aspx

Coordinación de la continuidad y la resiliencia en la actualidad: https://www.crtcon.ca/home.html

Instituto Internacional para la Recuperación de Desastres: https://drii.org/

Diario de Recuperación de Catástrofes (DRJ, por sus siglas en inglés): https://drj.com/

Reglamento del DRJ: https://drj.com/resources/dr-rules-and-regulations/

Comité Consultivo de Gestión de Emergencias: https://www.kingcounty.gov/depts/emergency-management/emergency-management professionals/emergency-management-advisory-committee.aspx

Gestión de Emergencias de Seguridad Nacional: Centro de Excelencia: https://www.coehsem.com/

Centro de Riesgos y Resiliencia:
https://www.riskandresiliencehub.com/#

The Conference Board: Consejo de Continuidad de
Negocio y Gestión de Crisis:

https://conference-board.org/councils/business-
continuity-and-crisis-management

B. Artículos de autor y podcasts

La evolución de los ciberataques, evolucionar con los
tiempos, Michele Turner, 19 de octubre de 2018:
https://risk-and-compliance-
management.enterprisesecuritymag.com/cxoinsight/the-
evolution of-cyber-attacks-evolving-with-the-times-nid-
1427-cid-6.html

Resiliencia empresarial descodificada con Vanessa
Mathews: Gestión de la resiliencia empresarial a través de
estrategias de redundancia geográfica: Michele Turner, 20
de noviembre de 2018:
https://drj.com/decoded/2018/11/20/managing-business-
resiliency-via-geographicredundancy-strategies/

El pronóstico de continuidad: #24: Sí, necesita dedicar
tiempo a su plan de continuidad del negocio... He aquí 5
razones con Michele Turner, Michele Turner, 19 de
noviembre de 2019:
https://podcasts.apple.com/us/podcast/24-yes-you-do-
need-to-spend time-on-your-business-
continuity/id1445580696?i=1000457223125

ALZWA Blog. Refugios en lugares de la mente, Michele Turner, 8 de abril de 2020:
https://alzwablog.org/2020/04/08/shelters/

Disaster Recovery Journal. Refugios en lugares de la mente, Michele Turner, 4 de mayo de 2020:

https://drj.com/journal/shelters-in-places-of-the-mind-covid-19-and-dementia/

C. Plantillas útiles

1. Ejemplo de registro de evaluación y detalle del perfil de riesgo

<u>Susceptibilidad (1 a 3)</u>

<u>Alto: 3, medio: 2, bajo: 1</u>

Amenaza	Probabilidad y calificación	Impacto y calificación			Calificación del riesgo inherente (Impacto X probabilidad)	Controles y calificación residual	Riesgo(s) resultante(s) en caso de materializarse
	Alto - 3 Moderado - 2 Bajo - 1	Cliente 3- Impacto regional 2- País 1-Estado	Reglamentación 3- Tarifas y divulgación 2- Tarifas 1- Ninguna	Operacionales (sistemas y servicios) 3- 76% a 100% 2- 50% a 75% 1- 0% a 49%		1- Ninguna 2- Ad hoc 3- Repetible	
							Gráfica #1
							Gráfica #2

Evaluación de la situación

Alta: rojo, media: amarillo, baja: verde, ¡Estamos listos! Sin color

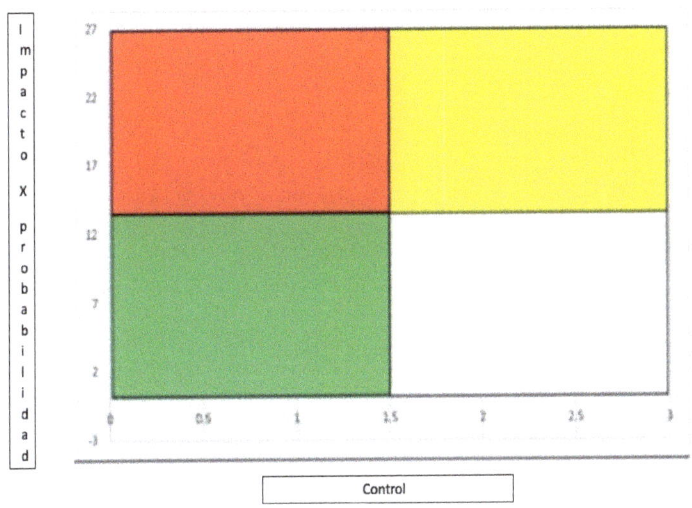

Perfil de riesgo

Amenaza y riesgo	Categorización	Descripción	Factores de riesgo	Detalle del impacto	Acciones de mitigación	Tendencia mensual (al alza, a la baja, estable)	Dueño de la acción	Plazo de ejecución

2. Ejemplo de una tabla de análisis

Función/servicio crítico y plazo para la recuperación y restauración de datos (objetivo de plazo de recuperación y objetivo de punto de recuperación, respectivamente)	Descripción y momentos críticos por mes, trimestre, año, etc....	Impacto si no se lleva a cabo	Ubicación principal	Recursos de personal necesarios por día					Equipos y programas informáticos (software) necesarios					Solución alternativa
				1	5	10	15	30+	1	5	10	15	30+	

3. Ejemplos de plantillas de objetivos y puntos de acción

Objetivos del ejercicio	Se cumplió	No se cumplió
1. **Representar** un escenario que reconozca las acciones de las partes interesadas que deben abordarse durante una interrupción de la actividad: - Notificación - Activación - Procedimientos - Cierre		
2. **Identificar vacíos** y acciones asociadas.		
3. **Documentar** las lecciones aprendidas y las acciones que se aprovecharán para actualizar el plan.		

Acciones			
Categoría	Asunto y descripción	Acción recomendada	Dueños y plazos previstos

Sobre la autora

Michele L. Turner, Máster en continuidad del negocio (MBCP, por sus siglas en inglés), iniciativas comunitarias y basadas en la fe (FBCI, por sus siglas en inglés), auditora certificada de sistemas de información (CISA, por sus siglas en inglés), certificada en control de riesgos y sistemas de información (CRISC, por sus siglas en inglés), profesional en gobierno corporativo, riesgo y cumplimiento (GRCP), tiene cerca de 30 años de experiencia en las áreas de Gobierno, Riesgo y Cumplimiento, con un Máster en Continuidad Empresarial de la Universidad de Norwich. Ella es la Directora de Resiliencia Empresarial Global de Amazon. En este puesto, ha desarrollado el marco y la metodología para la continuidad del negocio, liderando este equipo, la gestión de crisis y la gestión de la resiliencia (incluida la resiliencia en el lugar de trabajo) en el entorno corporativo de Amazon. Anteriormente, ella lideró las funciones de gobierno corporativo, riesgo, cumplimiento y continuidad del negocio en Microsoft, iniciando el proceso vertical de la gestión del riesgo operativo para la organización. Turner es una conferencista internacional sobre continuidad del negocio, gestión de riesgos y áreas relacionadas. Es conferencista invitada en la Universidad de Washington sobre temas como la ciberseguridad y el riesgo operativo, e instructora de cursos y directora de la junta del Instituto Internacional de Recuperación Ante Desastres (DRII por sus siglas en inglés). Ella realiza aportes como Directora de donaciones dentro de la fundación de esa organización y también es miembro del Consejo de continuidad del negocio y gestión de crisis de la organización Conference Board.

Michele reside en Snohomish, Washington, y es una abuela tremendamente orgullosa de dos nietos increíbles.

"Si quieres ir rápido, ve solo. Si quieres llegar lejos, lleva a otros contigo". Autor desconocido, proverbio africano.